À Claude,

Comme le crabe,
continue de permettre
aux autres de prendre
des chances et de grandir !
Amicalement,

Jocelyn

Avril 2010

Nature Humaine

Catalogage avant publication de Bibliothèque et Archives nationales du Québec et Bibliothèque et Archives Canada

Pinet, Jocelyn, 1960-

Nature humaine

Publ. aussi en anglais sous le titre : Human nature.

1. Écologie humaine.   2. Écologie humaine - Ouvrages illustrés.   I. Dumas, Véronique.   II. Titre.

GF50.P56 2009   304.2   C2009-942360-X

Dépôts légaux
Bibliothèque nationale du Québec
Bibliothèque nationale du Canada

Diffusion en Amérique :
Prologue
1650, boulevard Lionel-Bertrand
Boisbriand (Québec) J7H 1N7
Canada
1-800-363-2864
www.prologue.ca

Diffusion en Europe :
D.N.M.
30, rue Gay-Lussac
75005 Paris
France
01.43.54.49.02
www.librairieduquebec.fr

Révision : Pierre Corbeil
Conception graphique et mise en pages : Manon É. Léveillé
Imprimé au Canada

© Isabelle Quentin éditeur, 2010
http://iqe.qc.ca
ISBN : 978-2-922417-79-1

1 2 3 4 5 14 13 12 11 10

Nature Humaine

Jocelyn Pinet

Illustrations Véronique Dumas

— Comme les fleurs, les idées font du chemin !

La Bardane

La bardane est une grande plante aux fleurs mauves que l'on trouve dans les champs et aux abords des chemins. Chaque fleur est pourvue de nombreuses pattes, appelées « bractées », qui se terminent par de petits crochets lui permettant de s'accrocher au pelage des animaux. C'est ainsi que la plante se propage, ses graines étant transportées et dispersées au hasard des chemins suivis par ceux qui s'y frottent.

Nous avons nous aussi la faculté de nous propager en nous accrochant à ceux qui nous côtoient. Par contre, ce ne sont pas des graines que nous disséminons, mais des idées. Portées par ceux qui nous approchent, elles prennent racine et se développent pour s'accrocher un jour à d'autres personnes, et le cycle recommence.

Aussi est-il important de s'attarder aux idées que l'on véhicule et de réfléchir à ce que l'on souhaite vraiment voir pousser autour de nous, car les humains font un excellent terreau.

Le

décollage d'un vol

d'oies sauvages s'effectue de façon

chaotique. Mais les oies ont vite fait de s'organiser

naturellement dans une formation en V qui peut s'étendre sur des centaines

de mètres. Cette formation aérodynamique leur permet de parcourir de très

longues distances lors de leurs migrations annuelles. Par contre, l'oiseau de tête fait un

travail difficile. C'est lui qui fend le vent et ouvre la formation. C'est une tâche épuisante qui

ne pourrait être menée à

terme par une seule oie.

Le VOL D'OIES sauvages

Régulièrement, l'oie de tête cède la place à l'oie qui la suit et se laisse glisser jusqu'à la queue

du groupe. Elle peut ainsi se reposer, étant littéralement aspirée par l'appel d'air créé par

l'ensemble de la formation.

C'est donc en permettant à chaque membre de l'équipe d'être

meneur et en donnant à l'équipe la responsabilité de

soutenir le meneur que le groupe peut

atteindre son objectif. Il en va de

même dans tous les projets

humains.

— Changement de quart !

— J'arrive ! J'arrive !

— Tous uniques !

— Et vive la différence !

Le flocon de neige

Un flocon de neige amorce sa vie sous la forme d'un minuscule noyau de glace, ou cristal. Lorsqu'il se trouve dans une région d'un nuage aux conditions d'humidité et de froid parfaites, ce cristal grandit pour former un plateau hexagonal. Si le hasard fait que ce cristal passe dans une zone très humide, l'abondance de vapeur d'eau y cause le développement de six petites branches, soit une à chaque angle du cristal, une formation typique aux flocons de neige. La croissance du cristal dépend fortement de son environnement, et chaque mouvement du vent modifie la façon dont les branches grandissent. Les changements touchant les six branches en même temps, celles-ci se modifient de façon identique. En grossissant, le flocon devient plus lourd et passe à travers les nuages pour finir sa course au sol. Comme aucun flocon ne suit exactement le même trajet du début à la fin, il ne peut y avoir deux flocons identiques.

Les humains aussi sont tous faits pareils, mais personne ne suit exactement le même chemin pour se développer au cours de sa vie. C'est pourquoi chacun de nous est unique.

9

La lumière

Nous n'en avons pas conscience au quotidien, mais la lumière voyage à une vitesse de 18 millions de kilomètres à l'heure. Et c'est en années-lumière que l'on calcule la distance qui sépare les étoiles de notre planète. Proxima Centauri, l'étoile la plus proche de la Terre après le Soleil, se trouve à une distance de 4,3 années-lumière de nous, tandis que l'étoile Polaire est à 700 années-lumière. La galaxie visible à l'œil nu la plus rapprochée, Andromède, se trouve quant à elle à une distance de 2,9 millions d'années-lumière. Ainsi la lumière qui quitte Andromède au moment où on la regarde ne sera-t-elle vue par des humains que dans 2,9 millions d'années. C'est donc dire que tout ce que nous voyons en regardant le cosmos est une image du passé. Pourtant, c'est bien au présent que nous voyons cette image.

Dans notre réalité humaine, il n'y a que le présent qui existe. Lorsque nous songeons au passé, c'est au présent que nous y songeons, et c'est encore au présent que nous imaginons le futur. Bien que nous ne puissions changer le passé, nous pouvons agir au présent pour changer notre façon de voir et d'être influencé par les événements qui s'y sont déroulés. Et si nous ne pouvons prédire l'avenir, nous pouvons néanmoins agir aujourd'hui pour produire ce que nous voulons voir arriver plus tard. Tout le pouvoir que nous avons comme être humain est accessible dans le moment présent. La difficulté consiste à rester dans ce moment sans que notre voix intérieure nous rappelle nos peurs du passé et les projette dans le futur.

la lumière

— Je veux tout, et tout de suite !

La grenouille

Du fait de sa nature à sang froid, une grenouille placée dans une marmite d'eau graduellement portée à ébullition s'adaptera si bien à ce lent changement de son milieu qu'elle en mourra. Par contre, si vous tentez de mettre une grenouille dans l'eau bouillante, elle en sort aussitôt, car le changement est soudain.

Nous avons nous aussi la capacité de nous adapter à divers milieux de vie. Ces environnements peuvent être physiques ou émotifs. L'environnement dans lequel vous vivez est-il bon ou néfaste pour vous ? Acceptez-vous des conditions qui seraient inacceptables si on vous y plongeait aujourd'hui ? Tolérez-vous des comportements, des attitudes, des paroles, des circonstances qui vous nuisent ou qui ne sont pas compatibles avec vos valeurs ?

L'habitude, le confort, la peur ou la certitude qu'il est impossible qu'il puisse en être autrement sont quelques-unes des raisons pour lesquelles nous acceptons de vivre dans des environnements malsains. Mais comme la grenouille, c'est en sautant hors de ceux-ci que l'on retrouve la vie.

LE TREMBLEMENT DE TERRE

Un tremblement de terre, ou séisme, se produit quand l'**énergie** accumulée par les **déplacements** et les **frictions** des différentes plaques de la croûte terrestre se libère brusquement. Environ 100 000 séismes sont chaque jour enregistrés sur terre, mais tous ne sont pas ressentis par les habitants de la planète. En revanche, les plus **puissants** d'entre eux peuvent **détruire** des villes entières en quelques secondes.

Un phénomène semblable existe chez les **humains**. Au contact de la vie et de ses **frictions**, nous pouvons longtemps accumuler **contrariétés, colères** et **frustrations**, parfois même pendant des années. Puis, tout à coup, un petit **événement** sans importance vient rompre cette retenue et libère une **énergie** qui peut être **destructrice** pour ceux qui nous entourent.

Il faut donc se donner des moyens d'**évacuer** les **pressions** de la vie avant qu'elles ne soient trop fortes et que nous les exprimions de façon brutale pour notre entourage.

Le canard

On désigne communément du nom de « canard » de nombreuses espèces d'oiseaux de la famille des anatidés. Ce sont pour la plupart des espèces aquatiques qui peuvent mesurer entre 30 et 180 cm. Une caractéristique de ces oiseaux est qu'ils sont munis de pattes palmées, ce qui leur permet d'avancer assez rapidement sur l'eau. C'est ainsi que lorsqu'on observe un canard glissant avec aise et grâce à la surface d'un étang, laissant à peine un sillon derrière lui, il s'en dégage une impression de calme et de maîtrise. Mais si vous avez l'occasion de regarder sous l'eau, vous verrez que le canard agite ses pattes avec beaucoup d'énergie et déploie des efforts vigoureux et répétés pour avancer, surtout lorsqu'il nage à contre-courant. Un contraste évident avec l'image qu'il projette à la surface.

Il est parfois bon de présenter, à l'instar du canard, une image de contrôle et de savoir-faire, alors que sous la surface, à l'abri des regards, nous nous démenons avec force pour avancer. C'est là toute la grâce qui vient avec l'expérience et qui nous permet de rester maîtres des circonstances, même dans les situations les plus difficiles.

16

La fourmi

En mandarin, le mot fourmi se prononce « *ma rhao* » et veut dire « petit cheval ». Quiconque a vu une fourmi au travail comprend pourquoi ce nom est justifié.

Certaines espèces de fourmis peuvent lever un objet 5 fois plus lourd qu'elles avec leurs mandibules, et traîner au sol un objet faisant 25 fois leur poids. C'est comme si un homme de taille moyenne transportait une charge de 2000 kilos ! Mais malgré son incroyable force, la fourmi ne peut pas tout faire seule, et elle unit souvent la sienne à celle d'autres fourmis pour accomplir un travail. C'est pour cette raison que les fourmis vivent toutes en colonies pouvant compter de quelques douzaines à plusieurs millions d'individus.

À cet égard, nous avons beaucoup à apprendre de ce petit insecte. L'être humain est extraordinairement plein de ressources, de forces et de capacités, et il semble constamment en train de repousser ses limites. Mais il a souvent tendance à croire qu'il est unique en son genre et que personne ne peut être comme lui. Cela dit, si nous considérons que le fait d'être tous uniques est notre plus grande force, nous pouvons apprécier l'avantage de mettre nos capacités, nos connaissances et nos intelligences en commun pour atteindre un objectif. La force d'un groupe est plus grande que l'addition des forces individuelles de ceux qui le composent.

Tout l'univers est fait d'atomes.

Ce sont les « grains » qui composent

la matière, qu'elle soit vivante ou inerte, visible comme un

caillou ou invisible comme l'air. On a longtemps pensé que l'atome

était la plus petite particule de matière possible, d'où son nom qui, en grec ancien,

signifie « que l'on ne peut diviser ». Les progrès de la science ont toutefois permis de

découvrir que l'atome est en fait composé de deux parties ; un noyau et des électrons en

mouvement rapide autour de celui-ci, un peu comme les planètes qui tournent

L'atome

autour du Soleil. Le noyau lui-même est composé de protons chargés d'une énergie

électrique positive, et de neutrons chargés d'une énergie électrique neutre. On désigne cet ensemble

proton-neutron du nom de « nucléon ». C'est une très grande force d'attraction électrique qui empêche

les nucléons de s'éloigner les uns des autres. Entre les électrons qui tournent sans cesse autour du noyau et

la force qui unit les nucléons, toute la matière est continuellement en mouvement !

Tout ce qui existe est donc fait d'atomes, et ces derniers fonctionnent tous avec la même énergie. Par

exemple, nous pouvons naturellement voir l'endroit où s'arrête notre corps et où commence ce qui

n'est pas notre corps. Mais au niveau de l'énergie des atomes qui composent notre corps et de ceux

qui composent tout ce qui n'est pas notre corps, il n'y a aucune différence. Les particules

fondamentales qui composent un bras ou une jambe sont animées par la même énergie

que celle qui retient ensemble les particules d'une montagne, d'une table de cuisine ou

des étoiles qui se trouvent à des milliards d'années-lumière d'ici. Sans oublier tout

ce qui se trouve entre ces objets. Cette énergie infinie est partout, tout

le temps. À la base de tout, il n'y a qu'elle, et tout est relié par

elle. Nous ne faisons vraiment qu'un avec

l'univers !

— Om. Je ne fais qu'un avec l'univers. Om.

Le mouton

Le mouton est un des premiers animaux à avoir été domestiqué. Sa propension naturelle à suivre le premier de ses semblables qui se lève pour aller vers un nouveau pâturage a vite été remarquée par l'homme, qui l'a utilisée à son avantage. Les moutons ont tendance à rester assemblés, ce qui fait qu'ils peuvent facilement être déplacés et gardés dans des champs non clôturés. Comme ils sont très attirés par les aliments, ils suivent docilement l'homme qui marche en tête du troupeau avec un seau de nourriture.

Ce type de comportement est aussi observable chez l'espèce humaine. Il semble en effet que nous ayons tendance à mettre notre jugement en veilleuse devant des gens qui nous promettent une vie meilleure si nous utilisons leurs produits ou adhérons à leurs croyances, surtout s'ils réussissent à nous convaincre que nos voisins et nos amis, eux, le font déjà. Mais savez-vous que quand les moutons sont en groupe de quatre ou moins, ils n'ont pas ce comportement grégaire ? C'est comme si, n'ayant plus de groupe à suivre, ils devaient décider d'eux-mêmes.

Si vous prenez un verre rempli d'eau et que vous en # L'eau

versez le contenu dans un autre récipient, voyez-vous que

l'eau est partout à la fois ? Pensez-y ; l'eau qui se trouve dans le verre,

hors du verre et dans le récipient est une seule et même eau. Mis à part

l'endroit où elle se trouve, c'est toujours la même eau. Il n'en va

cependant pas de même si vous utilisez des cailloux. Les cailloux dans le

verre sont en effet distincts les uns des autres et différents de ceux qui se

trouvent hors du verre.

L'eau agit de façon inclusive, alors que les cailloux agissent de façon

exclusive. Nous avons tous la faculté de choisir si nous agissons comme

l'eau ou comme les cailloux. Par exemple, lorsque des points de vue

s'opposent, faut-il absolument qu'il y ait un perdant et un gagnant, ou

pouvons-nous considérer que deux opinions divergentes peuvent être

aussi valables l'une que l'autre ?

Le suricate

Le suricate est une petite espèce de mangouste qui vit dans le sud de l'Afrique en colonies d'une vingtaine de membres. Il se nourrit d'insectes et de petits reptiles, ou encore de tubercules et de bulbes de plantes.

Pour chercher leur nourriture, les suricates doivent creuser le sol parfois assez profondément avec leurs pattes antérieures, ce qui fait qu'ils se retrouvent la tête enfouie dans la terre et ne peuvent voir venir les prédateurs. Cela dit, les suricates ont trouvé un moyen d'éviter les attaques en postant des sentinelles qui, dressées sur leurs pattes arrière, peuvent avertir la colonie d'un danger imminent en poussant des cris particuliers. Les recherches indiquent que seuls les suricates ayant déjà mangé à leur faim sont postés comme sentinelles.

Dans nos collectivités, il est souvent nécessaire que des individus protègent le bien-être de l'ensemble. C'est un rôle important, qui permet au groupe de mener à bien sa mission. Mais si les besoins personnels de ceux qui jouent ce rôle ne sont pas comblés, ils ne pourront être efficaces pour le groupe. Pour fonctionner, tout groupe doit donc s'assurer qu'il se préoccupe du bien-être des gens qui se préoccupent du sien.

L'avalanche

Une avalanche est une masse de neige qui se détache et dévale une pente, le plus souvent en montagne. Il y a différents types d'avalanches, mais de façon générale, une avalanche se produit quand un déclencheur quelconque rompt l'équilibre qui maintient en place des couches de neige de composition différente. Certaines avalanches sont spectaculaires et peuvent atteindre des vitesses de 100 à 350 km/h, dévastant tout sur leur passage.

Si vous avez l'occasion de voir l'image d'une pente enneigée avant qu'une avalanche s'y produise, vous serez étonné de constater que rien ne peut laisser supposer ce qui est sur le point d'arriver. Même en y regardant de près, on a l'impression d'une grande stabilité. Il suffira d'un bruit, d'un seul skieur ou d'une simple variation de la température pour déclencher un important changement.

Il en est souvent ainsi dans les affaires humaines. Les plus gros changements débutent fréquemment par de petits gestes aux apparences anodines. Nous pouvons consacrer beaucoup d'efforts à faire progresser une idée en ayant l'impression que rien ne bouge ; puis, subitement, sans aucun signe préalable, nous faisons un simple geste et tout se met à avancer à une vitesse folle. L'histoire de l'humanité est faite de milliers d'exemples de gens ordinaires qui ont changé le cours des choses en faisant des choses apparemment sans conséquences.

— Patience... Patience...
Je vais finir par créer tout un remous !

LE BAOBAB AFRICAIN

Le baobab africain est un arbre à la longévité exceptionnelle. Certains spécimens sont âgés de près de deux mille ans et leur tronc fait plus de douze mètres de diamètre. C'est aussi un des arbres les plus résistants du monde, florissant dans des environnements extrêmement arides. Lors des saisons de pluie, le baobab boit l'eau par ses racines et l'emmagasine dans son écorce, ce qui lui permet de traverser facilement de longues périodes de sécheresse. Un gros baobab peut contenir plus de cent mille litres d'eau qu'il consomme au gré de ses besoins.

Comme quoi il faut savoir utiliser ses aptitudes et gérer ses ressources si l'on veut vivre vieux et traverser les périodes difficiles que la vie nous apporte.

LE SAINT-HUBERT

Le saint-hubert est un chien au flair exceptionnel. Son odorat est 100 fois plus aiguisé que celui des humains, et son nez peut détecter jusqu'à 80 odeurs différentes en même temps. Une fois accroché à une piste, le saint-hubert est déterminé à trouver l'animal qui en est la source.

Rien ne peut distraire le saint-hubert de sa mission. Excellent chasseur et travailleur infatigable, il poursuivra son gibier sans relâche jusqu'à sa capture, parfois pendant plus de sept heures. Malgré tout, le saint-hubert manque d'efficacité, car son entêtement à rester sur une seule piste fait qu'il ne verra pas une proie passant à trois mètres de lui.

Le comportement du saint-hubert illustre bien le fait qu'il faut régulièrement lever les yeux lorsque nous sommes concentrés sur une tâche. La tension du quotidien, l'obligation de performance ou la pression des objectifs à atteindre nous fait parfois agir comme ce chasseur. Nez collé à la piste, acharnés à la tâche, nous perdons de vue ce qui nous entoure et nous risquons de rater les occasions qui peuvent se présenter.

— À vos marques, prêts…!

La Gazelle

La gazelle tient son nom du mot persan *qazâl*, qui veut dire « antilope élégante et rapide ». Il s'agit en effet d'un animal qui court très vite, pouvant faire des pointes de vitesse allant jusqu'à 80 km/h. Certaines espèces de gazelles peuvent même atteindre 110 km/h ! Lorsqu'elles se sentent menacées, les gazelles entrecoupent leur course de prodigieux bonds afin d'échapper à un éventuel attaquant. Elles ont aussi une excellente vue et peuvent repérer un prédateur à plus de 300 mètres. Les gazelles ont donc de nombreuses habiletés qui leur permettent d'échapper aux assauts de leurs nombreux prédateurs : lions, guépards, léopards, hyènes et autres chacals.

En conséquence, dès son réveil dans la savane africaine, tout prédateur sait qu'il doit courir plus vite que la plus lente des gazelles s'il ne veut pas mourir de faim. Et de son côté, dès qu'une gazelle se réveille dans la savane africaine, elle sait qu'elle doit courir plus vite que le plus rapide de ses prédateurs si elle veut échapper à la mort. La vie est ainsi faite ; peu importe que vous soyez chasseur ou chassé, quand vous vous levez le matin, soyez prêt à courir pour atteindre votre objectif !

36

LE COLIBRI

Le colibri, aussi appelé oiseau-mouche, est un très petit oiseau capable d'incroyables prouesses. Sa vitesse en vol atteint 55 km/h avec des pointes de près de 100 km/h, et il peut voler sur place ou à reculons, battant des ailes plus de 90 fois par seconde. Le colibri peut même traverser le golfe du Mexique sans s'arrêter, un voyage de plus de 800 kilomètres.

Cette hyperperformance a toutefois un prix. Pour le maintenir en vol, le cœur de l'oiseau-mouche bat à un rythme de 1260 pulsations à la minute, et afin de combler cette immense dépense énergétique, le colibri doit chaque jour consommer plus que son poids en nectar de fleur. C'est comme si un homme de taille moyenne mangeait 130 kg de viande quotidiennement. En fait, le colibri est constamment à quelques heures près de mourir de faim, et il ne peut emmagasiner que tout juste assez d'énergie pour survivre à la nuit.

Cela dit, si la nourriture vient à manquer, l'oiseau-mouche entre dans un état semblable à l'hibernation ; ses battements cardiaques et sa respiration se trouvent alors radicalement réduits, ce qui amoindrit son besoin de se nourrir.

Nous pouvons nous inspirer de ce mécanisme qui permet au colibri d'être performant uniquement quand les conditions le permettent. Dans nos vies souvent trépidantes, où nous sommes constamment sollicités, nous pouvons être tentés de croire que rien ne peut nous arrêter. Mais lorsque les conditions qui soutiennent notre performance ne sont plus réunies, il serait sage de ralentir la cadence et de dépenser nos énergies en fonction des ressources dont nous disposons, ne serait-ce que pour mieux repartir plus tard.

Le nuage

Cumulus, stratus, cirrus, nimbus ; il y a de nombreux types de nuages, mais ils se forment tous plus ou moins de la même façon, à savoir sous l'effet d'un volume d'air qui se refroidit jusqu'à ce qu'une partie de sa vapeur d'eau se condense. Quand ce phénomène se produit près du sol, on assiste à la naissance du brouillard. À l'inverse, quand il y a réchauffement de l'air, les gouttelettes ou les cristaux de glace présents dans l'air s'évaporent et le nuage disparaît. À la surface des océans, lorsque l'eau devient trop chaude, des nuages se forment par évaporation et bloquent les rayons du soleil. La vapeur se refroidit dans les hauteurs, et retombe sous forme de pluie qui va refroidir l'eau. Et le cycle recommence. Les nuages constituent en quelque sorte un système de rétroaction automatique pour la planète : il fait trop chaud ? Allez, hop ! À vous de jouer, les nuages.

Nous avons nous aussi besoin de mécanismes régulateurs pour jauger nos comportements et mesurer l'impact que nous avons sur les gens que nous côtoyons. Nous pouvons notamment obtenir une rétroaction en étant attentifs aux réactions des autres à notre égard et en sollicitant leur point de vue sur nos agissements. Les rétroactions positives sont agréables à recevoir, mais il arrive aussi que, tels des nuages trop chargés de pluie, les gens nous surprennent par des rétroactions inattendues et déplaisantes. Un coup de klaxon intempestif ou un commentaire désobligeant peut, par exemple, avoir cet effet. Or, si vous devez souvent vous munir d'un parapluie pour vous protéger contre de tels désagréments dans vos rapports avec autrui, c'est peut-être que vous ne prenez pas suffisamment le temps de dissiper les nuages qui s'accumulent avec le temps.

Le crabe

Comme les crevettes, les homards et autres langoustes, le crabe fait partie de la famille des arthropodes, dont la particularité est d'avoir un corps formé de segments articulés et recouvert d'une cuticule rigide qui forme un squelette externe. On compte plus d'un million et demi d'espèces d'arthropodes, ce qui représente 80 % des espèces connues du monde animal.

Au cours de sa croissance, la carapace du crabe ne grandit pas avec lui, si bien qu'il doit s'en défaire régulièrement pour grandir. C'est ce qu'on appelle la mue. S'il est assez difficile pour un prédateur de tuer un crabe protégé par sa carapace, ce dernier est en revanche très vulnérable lorsque son corps mou et fragile se retrouve à nu. Le crabe en mue se cherche donc un endroit où il sera à l'abri du danger le temps de se faire une nouvelle carapace.

Nous sommes, comme les crabes, programmés pour grandir. Bien qu'importante au cours des premières années de notre vie, notre croissance physique prend fin dans la vingtaine. Notre croissance personnelle, par contre, se poursuit toute notre vie. Malheureusement, nous avons rapidement découvert que lorsque nous prenions le risque de sortir de notre carapace, nous étions forcément plus vulnérables. Nous avons alors peut-être été blessés, assez pour nous dire que nous ne répéterions plus l'expérience, et au bout de quelques années, nous avons éliminé de notre vie toutes les circonstances où nous pouvions nous retrouver en position de vulnérabilité. Donc, si vous souhaitez retrouver un peu d'excitation dans votre vie, cherchez des occasions de vous mettre dans une situation inconfortable. Il est certain que vous en sortirez grandi.

Le feu

Le monde dans lequel nous vivons serait bien différent si l'homme n'avait pas réussi à utiliser le feu de façon contrôlée depuis près de 100 000 ans. Le feu a servi à cuire la nourriture, favorisant ainsi une alimentation plus riche et plus variée. Il a permis de gérer la terre et de défricher des zones pour la culture. Il a aussi permis de travailler le métal et de confectionner des outils qui ont transformé notre vie.

En fait, le feu est utilisé au quotidien partout sur la planète et par presque tous les individus. Par exemple, si vous conduisez un véhicule automobile pourvu d'un moteur à combustion interne, c'est le feu qui vous permet d'avancer. Faire brûler un combustible génère de l'énergie, et 80 % de celle que nous utilisons sur la planète provient de combustibles tels que le pétrole, le gaz ou le charbon. C'est le feu qui permet de transformer ces matières en sources d'énergie utilisables.

Un des quatre éléments (avec l'eau, l'air et la terre), le feu est fondamental à notre existence. Sa présence dans la vie de tous les jours est quasi invisible, mais elle est constante, réconfortante et indispensable.

Le feu fait tellement partie de notre histoire que nous l'avons intégré à nos expressions courantes. Ne dit-on pas de quelqu'un qu'il a la flamme pour quelque chose, ou encore qu'il a le feu sacré ? Ces personnes sont souvent celles qui font progresser les choses ; comme le feu, elles propagent leur enthousiasme d'un endroit à l'autre, allumant de nouveaux foyers chez d'autres personnes. En les regardant agir, on a souvent le sentiment que tant et aussi longtemps que tous ne brûleront pas de la même passion qu'elles, rien ne les arrêtera. Telle est en effet la nature des gens passionnés ; ils veulent transmettre leur flamme. Une chandelle qui en allume une autre double son intensité !

— Bientôt, tu comprendras.

La chenille

En observant une chenille, il est difficile de croire que celle-ci pourra un jour se mettre à voler. Pour y arriver, la chenille doit subir une transformation, ce qui est très différent d'un changement. Pour la chenille, changer voudrait dire devenir plus grosse ou plus petite, plus courte ou plus longue, ou avoir plus ou moins de couleur. Mais transformée, la chenille n'est plus une chenille. Elle est devenue papillon.

Lorsque nous voulons nous défaire de conditions qui persistent et que, malgré les changements apportés, une situation indésirable réapparaît sous une forme ou une autre, nous devons considérer qu'une transformation s'impose.

Parce qu'il est impossible de changer une situation en agissant de la façon même qui a créé cette situation, il faut plutôt chercher à voir les choses sous un nouvel angle, à avoir des pensées différentes face à la situation. En transformant notre rapport avec la chose que nous désirons changer, elle changera d'elle-même. Ce n'est qu'une fois papillon que la chenille peut expliquer ce qui lui est arrivé.

le ménure superbe

Le ménure superbe est un grand oiseau terrestre vivant dans les sous-bois de l'est de l'Australie qui, lors de ses parades nuptiales, déploie une longue et superbe queue dont la forme lui a valu le surnom d'oiseau-lyre.

Mais ce qui distingue vraiment l'oiseau-lyre des autres oiseaux est sa capacité de reproduire ce qu'il entend avec une incroyable fidélité, même s'il ne l'a entendu qu'une seule fois.

Un spécimen de ménure superbe loge au zoo d'Adélaïde, en Australie. Le zoo ayant récemment fait des travaux, l'oiseau a enregistré un nombre impressionnant de sons inhabituels et les reproduit parfaitement ; bruit de marteau, de tronçonneuse, de marteau-piqueur, de tondeuse à gazon, de scie, de perceuse, de sifflements d'ouvriers et même du démarrage d'une souffleuse à feuilles.

Cette faculté d'imitation naturelle de l'oiseau-lyre est aussi présente chez l'humain, qui ne l'exerce toutefois pas a priori pour reproduire des sons. De façon souvent inconsciente, nous sommes en effet fortement influencés par les environnements dans lesquels nous vivons, si bien que nous avons tendance à reproduire les comportements que nous observons autour de nous. Si nous souhaitons changer des choses dans notre monde, il nous faut donc faire un effort conscient pour voir dans quelle mesure nos façons d'être et d'agir appuient ou entravent ces changements. Le changement commence toujours par soi-même.

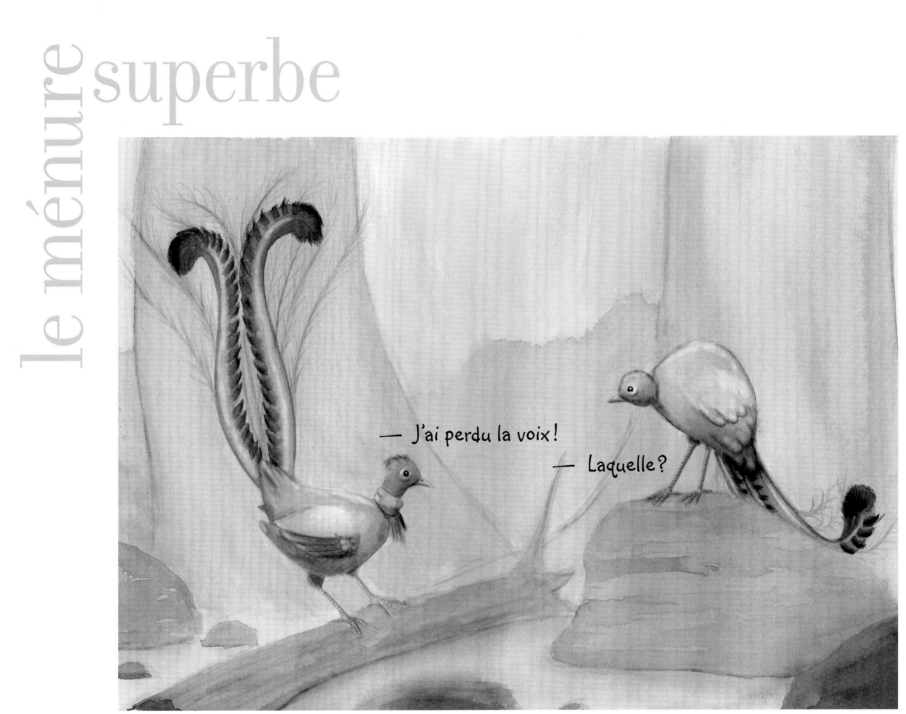

La Lune

En Amérique, on dit que la lune est menteuse. Quand elle est en forme de « C », comme dans le mot « croître », elle décroît. Et quand elle est en forme de « D », comme dans le mot « décroître », elle croît.

Mais notre satellite terrestre est aussi trompeur d'une autre façon. Lorsque nous regardons la lune, nous avons l'impression que c'est d'elle que vient la lumière qui s'en dégage. De fait, la lune semble émettre tellement de lumière qu'il nous faut faire un véritable effort pour nous rappeler que ce que nous voyons vraiment, c'est la lumière du soleil qui s'y reflète. Malgré cette connaissance, il est facile de regarder la lune et d'oublier que c'est le soleil qui la fait briller.

Lorsqu'une personne nous présente quelque chose et tente de nous en montrer la brillance, il faut faire un effort pour voir si cette chose est réellement brillante, ou si ce n'est que l'effet de la lumière qu'on y projette.

LE BRIN D'HERBE

Comme toutes les plantes, l'herbe contient beaucoup de chlorophylle, ce qui lui donne cette caractéristique couleur verte. C'est la chlorophylle qui capte la lumière du soleil et assure la photosynthèse, ce qui produit du glucose pour nourrir la plante. Si nous observons un champ d'herbe de loin, nous avons l'impression qu'il s'agit d'un immense tapis vert. Mais en regardant de près, nous constatons qu'il s'agit plutôt de centaines de milliers de brins d'herbe individuels qui, un

par un, donnent au champ sa couleur. Les changements collectifs se produisent aussi de cette façon. C'est un par un que les individus adoptent une nouvelle idée ou acceptent une situation différente. Les croyances, les modes, les courants sociaux sont tous créés ainsi. Quand un nombre suffisamment important de personnes croient qu'une chose est possible, elle devient possible. Victor Hugo disait que rien n'est plus puissant qu'une idée dont le temps est venu. Et c'est personne par personne qu'une idée prend racine et devient une nouvelle réalité.

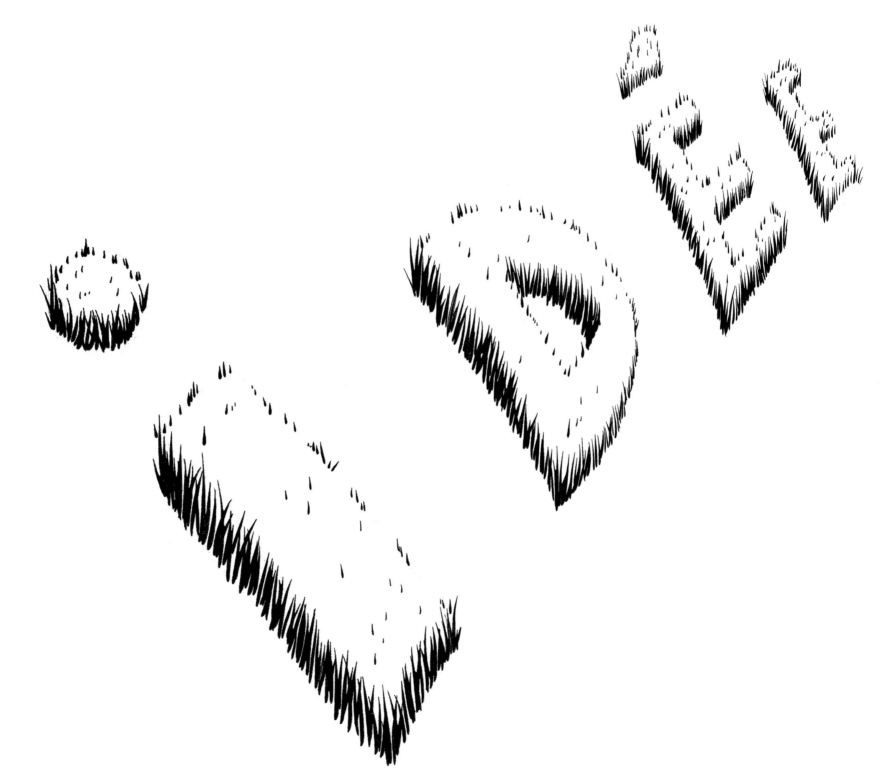

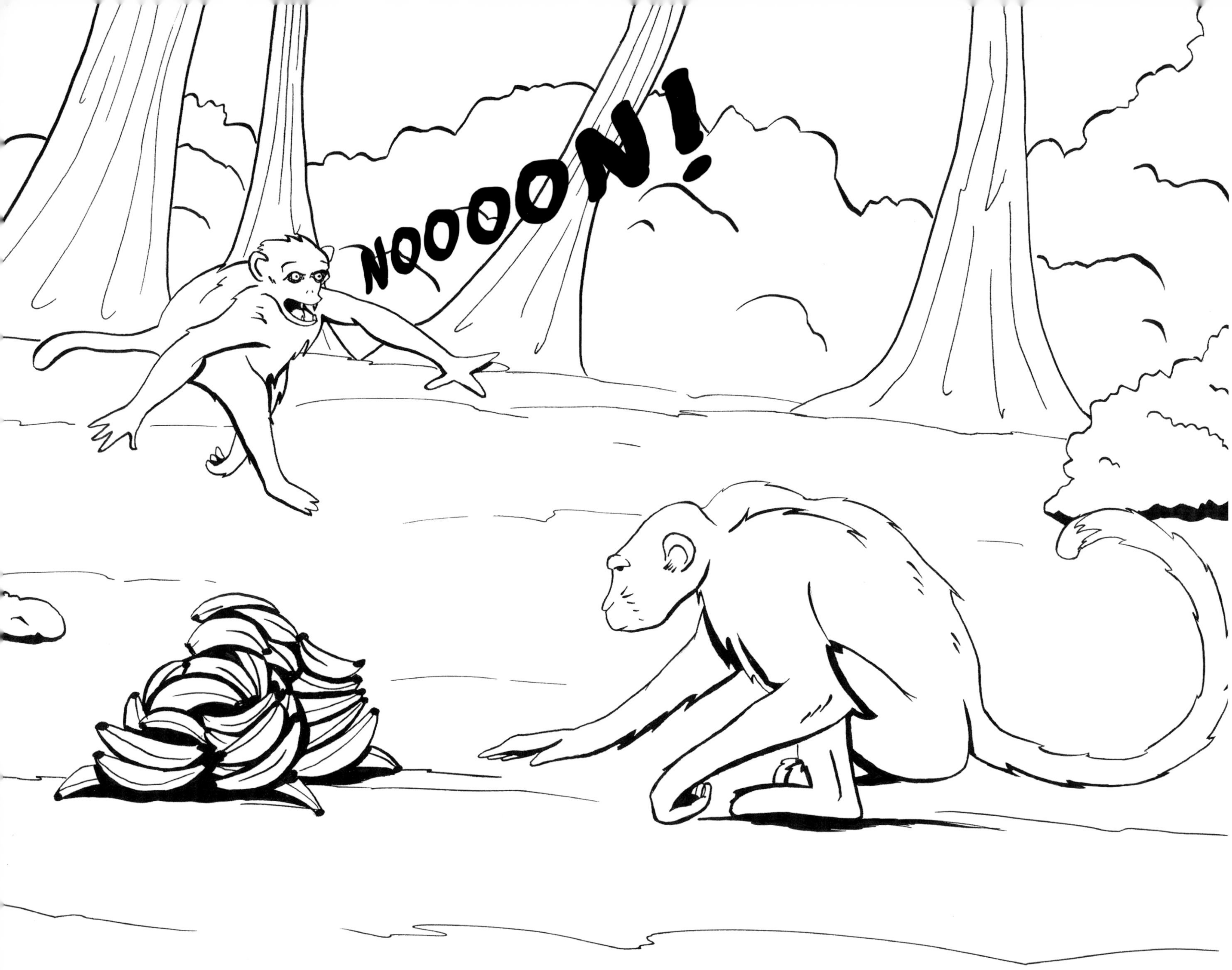
NOOOON!

LE SINGE

Une expérience fut un jour menée avec trois singes. Enfermés dans une cage, ces derniers avaient facilement accès à des bananes. Mais chaque fois qu'un singe essayait d'en prendre une, les trois singes recevaient une douche froide, si bien qu'ils cessèrent rapidement toute initiative dans ce sens. On remplaça alors un des singes par un autre singe. Lorsque ce dernier se dirigea vers les bananes, les deux autres singes l'en empêchèrent rudement, si bien que lui aussi mit fin à toute tentative pour s'emparer des bananes. Un deuxième singe d'origine fut ensuite remplacé par un nouveau singe qui fit mine de s'approcher des bananes. Comme précédemment, les deux autres singes l'attaquèrent et il renonça à toute visée sur les bananes. Finalement, on remplaça le dernier des trois singes d'origine. Quand le nouvel arrivant voulut s'emparer des bananes, les deux autres singes en cage, qui n'avaient pourtant jamais reçu de douche froide, le frappèrent jusqu'à ce qu'il se ravise. Dans cette cage se trouvaient alors trois singes qui raffolaient des bananes et qui s'empêchaient d'en manger parce qu'ils avaient appris qu'il ne le fallait pas. En fait, s'ils avaient pu parler, ils vous auraient expliqué que dès que vous essayez de prendre une banane, quelqu'un vous en empêche. Ça ne vaut donc pas le coup d'essayer.

On peut se demander de combien de bananes on se prive dans une vie parce qu'on s'est un jour fait dire qu'on ne pouvait en avoir !

La Tornade

Une tornade est une tumultueuse et dangereuse colonne d'air tournant sur elle-même qui est à la fois en contact avec le sol et un nuage. Elle prend typiquement la forme d'un entonnoir encerclé d'un nuage de poussière et de débris.

Certaines tornades ont une portée au sol de 1,5 kilomètre et peuvent se déplacer à une vitesse de près de 500 kilomètres à l'heure. Difficilement prévisibles, les tornades se forment uniquement lorsque certaines conditions météorologiques sont réunies.

Cette description ne rend cependant pas justice à la puissance dévastatrice d'une tornade, même toute petite. Au cours de l'histoire, les tornades ont fait des dizaines de milliers de victimes et causé des dégâts matériels incalculables. Elles ne font aucune discrimination ; elles emportent et détruisent tout sur leur passage, et s'imposent comme les plus violentes intempéries auxquelles nous expose la nature. On n'affronte pas une tornade ; la meilleure façon d'y survivre est de l'éviter complètement en se cachant sous la surface du sol.

Se cacher est parfois aussi la seule façon de survivre à certains individus qui, par leurs gestes ou leurs paroles, semblent tout détruire autour d'eux. Ces personnes au comportement instable nous donnent l'impression que tout est prétexte à conflit et s'emportent de façon imprévisible, sans égard aux conséquences. Il est donc sage et prudent de respecter leur force destructrice en s'en éloignant le plus possible. Toutes les tornades finissent tôt ou tard par s'épuiser.

L'escargot

De façon générale, on donne le nom d'escargot à un mollusque qui porte une coquille. La plupart des escargots sont terrestres, bien qu'il en existe aussi de nombreuses variétés aquatiques. La coquille de l'escargot a plusieurs utilités, mais toutes servent à le protéger des éléments externes. L'escargot a de nombreux prédateurs, et il ne peut s'enfuir rapidement, avançant à la vitesse de 6 cm à l'heure. Il est aussi très sensible aux changements de température, de luminosité et d'humidité. Si des menaces extérieures pèsent sur lui, l'escargot se retire dans sa coquille, dont il obture l'ouverture par une couche plus ou moins épaisse de mucus. Il se trouve alors complètement isolé et en relative sécurité.

Dans nos vies souvent très actives, il est bon d'imiter l'escargot et d'avoir un lieu pour s'isoler, s'abriter et refaire ses forces. Il importe peu que ce lieu soit physique ou qu'il s'agisse d'un temps que l'on prend pour méditer ; mais il est nécessaire pour nous permettre de faire face aux changements et à l'adversité que nous rencontrons aux hasards de la vie.

De tout temps, la beauté de l'arc-en-ciel a fasciné les hommes, qui ont mis longtemps à comprendre comment de si belles couleurs pouvaient se matérialiser dans le ciel. La lumière du soleil, en traversant des gouttes de pluie en suspension dans l'air, est d'abord réfractée, puis réfléchie vers l'arrière des gouttes. C'est l'image formée par la diffusion de la lumière sur ces gouttes de pluie que nous voyons sous forme d'arc-en-ciel. Un arc-en-ciel est toujours à l'opposé du soleil. Pour le voir, il faut être en ligne avec le soleil et le centre du cercle dont fait partie l'arc-en-ciel. C'est pourquoi il est impossible de se trouver au pied d'un arc-en-ciel.

Aussi impressionnant qu'il soit, ce majestueux phénomène naturel est donc une simple illusion d'optique ; l'arc-en-ciel n'existe qu'en fonction de la position de celui qui l'observe. Une personne faisant face au soleil ne verra absolument rien.

De même, la réalité est perçue différemment par chacun en fonction de son point de vue. Alors qu'une personne peut affirmer avec certitude qu'une certaine chose existe, une autre, ne le percevant pas ou le percevant autrement, le niera avec tout autant de conviction. Lorsqu'un échange avec une personne semble se heurter à des façons de voir différentes, il est utile d'adopter son point de vue pour comprendre comment elle voit la réalité. Il devient ainsi beaucoup plus facile d'arriver à une position commune.

58

L'arc-en-ciel

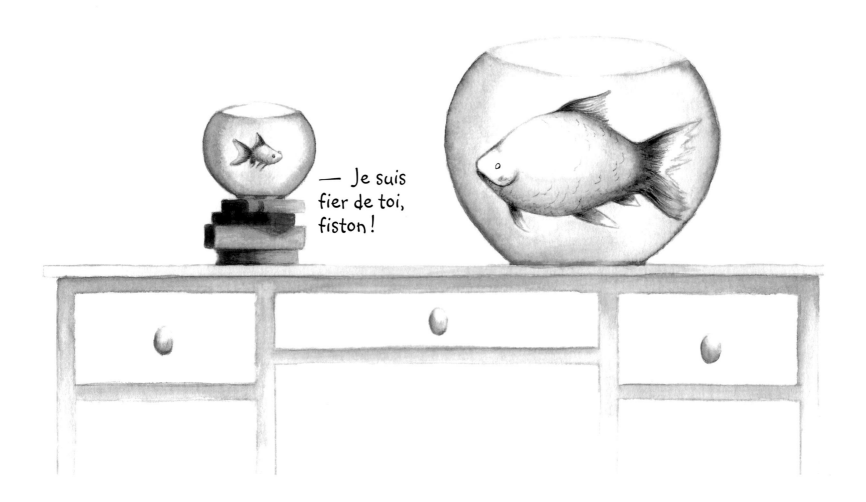

— Je suis
fier de toi,
fiston !